BEI GRIN MACHT SICH IHR
WISSEN BEZAHLT

Hans-Jürgen Borchardt

Verschenkter Umsatz

"Was, das haben Sie auch?"

GRIN Verlag

Bibliografische Information der Deutschen Nationalbibliothek:

Die Deutsche Bibliothek verzeichnet diese Publikation in der Deutschen National-
bibliografie; detaillierte bibliografische Daten sind im Internet über http://dnb.d-
nb.de/ abrufbar.

Impressum:

Copyright © 2010 GRIN Verlag, Open Publishing GmbH
Druck und Bindung: Books on Demand GmbH, Norderstedt Germany
ISBN: 978-3-656-46691-8

Dieses Buch bei GRIN:

http://www.grin.com/de/e-book/161863/verschenkter-umsatz

GRIN - Your knowledge has value

Der GRIN Verlag publiziert seit 1998 wissenschaftliche Arbeiten von Studenten, Hochschullehrern und anderen Akademikern als eBook und gedrucktes Buch. Die Verlagswebsite www.grin.com ist die ideale Plattform zur Veröffentlichung von Hausarbeiten, Abschlussarbeiten, wissenschaftlichen Aufsätzen, Dissertationen und Fachbüchern.

Besuchen Sie uns im Internet:

http://www.grin.com/

http://www.facebook.com/grincom

http://www.twitter.com/grin_com

Verschenkter Umsatz, wenn Kunden nicht das gesamte Angebot kennen
Jeder Unternehmer hat den Satz: „Was, das machen (bzw. das haben) sie auch!"
schon x- mal gehört. Die spontane Reaktion des Angesprochenen ist dann
meistens, dass eine mehr oder weniger komplette Aufzählung der Leistungen, die
er anbietet, erfolgt. Im Normalfall war es das dann.

Besser ist es darüber nachzudenken, wieso es zu der Aussage des Kunden
kommen konnte. Fakt ist jedenfalls, dass Umsatz –wahrscheinlich nicht nur bei
diesem Kunden- verschenkt wird. Leistungen, die man bei seinem Lieferanten
nicht kennt oder nicht erwartet, können auch nicht angefordert werden.
Was ist also zu tun? Die Antwort kennen Sie, man muss es nur mitteilen.

Darum also einige Tipps was man machen kann, um zusätzlichen Umsatz bei
bestehenden Kunden zu generieren, ohne sein eigenes Angebot zu erweitern.

Natürlich macht es keinen Sinn, wenn in jedem Werbemittel im Detail aufgeführt
wird, was man alles anbietet. Deshalb ist es sinnvoll, wenn im Voraus überlegt
wird, welche Aussagen über das Gesamtangebot mit welchen Kommunikations-
mitteln gemacht werden sollen.

1. Geschäftspapiere
1.1 Briefbogen/Angebote
Überlegen Sie, ob Sie in Ihrem Briefkopf einen Hinweis zu Ihrem
gesamten Leistungsspektrum machen wollen, damit die Empfänger auf
die Bandbreite Ihres Angebots hingewiesen werden.
Für die Korrespondenz, die mit Kunden geführt wird, können
wechselnde Textbausteine eingesetzt werden. In diesen können
Produkte/Leistungen vorgestellt werden, die seltener verlangt werden.
Dies sollte aber immer mit dem Hinweis erfolgen, dass es nur eine
Leistung aus „von ... bis" ist.
1.1.1 Beispiel Handwerksbetrieb
Ein Elektrobetrieb könnte z. B. bei einer Nachauflage in seinem
Briefkopf folgende Aussage unter dem Firmennamen einfügen: „Der
Profi für Elektroanlagen, -geräte und Reparaturen".
In seinen Textbausteinen könnte er auf Arbeiten hinweisen wie
Solar, Starkstrom, unterbrechungslose Stromversorgung etc.
1.1.2 Beispiel Fotograf
Ein Fotograf könnte in seinem Briefkopf die Generalaussage
aufnehmen: „Wir fotografieren alles, außer Mode".
Als Textbausteine können Angebote verwendet werden, in denen
jeweils die neuesten Aufnahmen aus den Bereichen Architektur,
Reportage, Werbung etc. zur Ansicht angeboten werden.
1.1.3 Visitenkarten
Visitenkarten, ob ein- oder vierseitig, sind in der Regel nur einseitig
bedruckt. Die Rückseiten eignen sich hervorragend für eine
Angebotsübersicht.
1.1.4 Beispiel Werbeberater
Ich kann für Sie als Berater Full-Service Leistungen als auch jede
Art von Teilleistungen erbringen.

1.1.5 Beispiel Gastronomie

Wir machen Feiern und Catering zum Erlebnis. Mit und ohne Progammvorschlägen.

1.2 Rechnungen

Die Rückseite der Rechnungen ist meistens leer. Für wenige EUROS Mehrkosten können diese bei einer Nachauflage mit einer Leistungs- und Programmübersicht bedruckt werden.

1.3 E-Mail Korrespondenz

Auch hier können, wie beim Briefbogen, entweder wechselnde Textbausteine oder generelle Hinweise zum Angebot/Programm eingebaut werden.

2. Außenwerbung

2.1 Haus- und Fahrzeugbeschriftung

Werbung ist mehr als die Angabe des Firmennamens und der Adresse. Werbung hat die Aufgabe, Nachfrage zu produzieren. Also sagen Sie, was Sie mehr und besser können.
(Das ist natürlich nicht ganz einfach. Deshalb lassen Sie sich dabei Zeit und fragen *vorher* Ihre Kunden, was sie unter der geplanten Aussage alles subsumieren.)

2.1.1 Beispiel Handwerkerbetrieb

Mustermann: Spar- (Öko- etc.) Lösungen für Sanitär-Heizung-Klima!

2.1.2 Beispiel Pflegedienst

Anbieter von Pflegeleistungen könnte sich beispielsweise so darstellen: „Individuell und personenbezogen".

3. Klassische Werbemittel

Egal ob Prospekt, Anzeige, Flyer oder andere Werbemittel, versuchen Sie immer einen Leistungs- bzw. Programmüberblick zu geben. Das muss –bei großen Angeboten- nicht immer jedes einzelne Produkt sein, aber die Produktgattungen und die Leistungsbereiche sollten immer in irgendeiner Form enthalten sein.

4. Internet

Das Internet ist ein besonders flexibler Werbeträger. Durch die „unendlichen" Möglichkeiten der inhaltlichen Gestaltung kann der User die Inhalte aufrufen, für die er sich interessiert, denn er ist nicht gezwungen, einen vorgegebenen Ablauf, wie z. B. bei einem Prospekt, zu absolvieren. Für Sie bedeutet das, dass Sie ihr Angebot unterschiedlich strukturieren können. Z. B. nach Themengebieten, nach der Bedeutung für Ihr Unternehmen, nach Differenzierungsmerkmalen etc.. Da Sie im Internet auch „unbegrenzt" Platz haben, können Sie diese Möglichkeiten auch kombinieren.

Zwei Anmerkungen:

- Wenn ein Kunde glaubt, dass Sie etwas nicht liefern oder leisten können, wendet er sich „gezwungener Maßen" an einen Wettbewerber. Und Sie wissen selbst, wie oft es passiert, dass dieser dann verloren ist. Insbesondere dann, wenn er auch noch erzählt, dass er ja eigentlich seine Produkte/Leistungen von Ihnen bezieht, denn dann gibt sich Ihr Wettbewerber mit Sicherheit doppelte Mühe.
- Im Zweifelsfall sollten Sie bei Ihren Aussagen zum Angebot bzw. zu Ihren Leistungen immer „bis an die Grenze gehen". Es ist besser, vielleicht mal einen Nachfragenden abzusagen, als andere durch eingeschränkte Aussagen nicht zu gewinnen.

Hans-Jürgen Borchardt
Juli 2010